Cyber Keeper
A Journey Around The Cyber Galaxy

Revised by: Dr. Fatma alsulami / Pr. Mohamed Mifdal

Translated by: AlAnoud Alharbi

Thanks

Lama Alammar - Reem Alharbi - Nada Alharbi - Leen Alharbi

ISBN / 8-268-19-9948-978

Material Registered No. 2020-845

All rights reserved - AbdAlnour Sami

www.cybearena.com

Hello there, Champion. I'm the Cyber world guardian, and I'll show you around the Virtual world.

The green means we are safe.

This light is unique; it adapts to the atmosphere around us.

The red means it's dangerous, and we should immediately ask for our family's or teacher's help.

The yellow means there's something wrong.

Before traveling to the virtual world, I will show you my home. This is called a firewall,
It forbids the entry of unauthorized objects and people such as hackers.

The guard in front of my house is called Antimalware. He protects my home from Malware and forbids hackers from bypassing my firewall.

This window is called port; it allows my favorite apps to get in and prevents the apps I don't like.

This is my home address; it's called an IP address; everyone can find my home through it. Look at my footprints; they cannot be erased. Everyone can know where I have been to.

Look at these germs; they are called viruses. This vacuum is an antivirus; it cleans my house from viruses.

Now let's start the journey in the Cyber Galaxy,
which has many planets. We will discover it together.

Knowledge planet is my favorite planet; it's the planet where you can feed your brain.

The Bullies planet is one of the planets I don't like. Those people bully me, but they run away when an adult is next to me.

Evil Planet has dangerous people, don't talk to them,
and if anyone evil speaks to you, tell your family!

This is the lousy images planet, don't look at them; they will harm your eyes.

This is the scammer's planet. Never believe them.

This is the identity theft planet, don't believe them either.
I'm a friend of your father.
Alright, I will call him and ask if that is true

This is the communication planet, you can talk to your friends,
Don't talk to anyone without your family's permission.

This is the planet of secrets. Never tell anyone about your secrets or your family's secrets.

This is the keys planet. Your key is your password.
Don't give your key to anyone.

This is the games' planet. Hooray, there are many games but don't play any before asking your family.

Our journey is coming to an end. I will show you the most critical planet here which called the real world. On this planet, you will see people from all the planets. So you should be careful and don't talk to strangers.

And remember,
Your family will always love you and will always help you.

Our journey is over in the cyberspace.
We should not sit a lot in front of devices.
I believe in you, my friend.
Please be careful and watch out for internet threats!

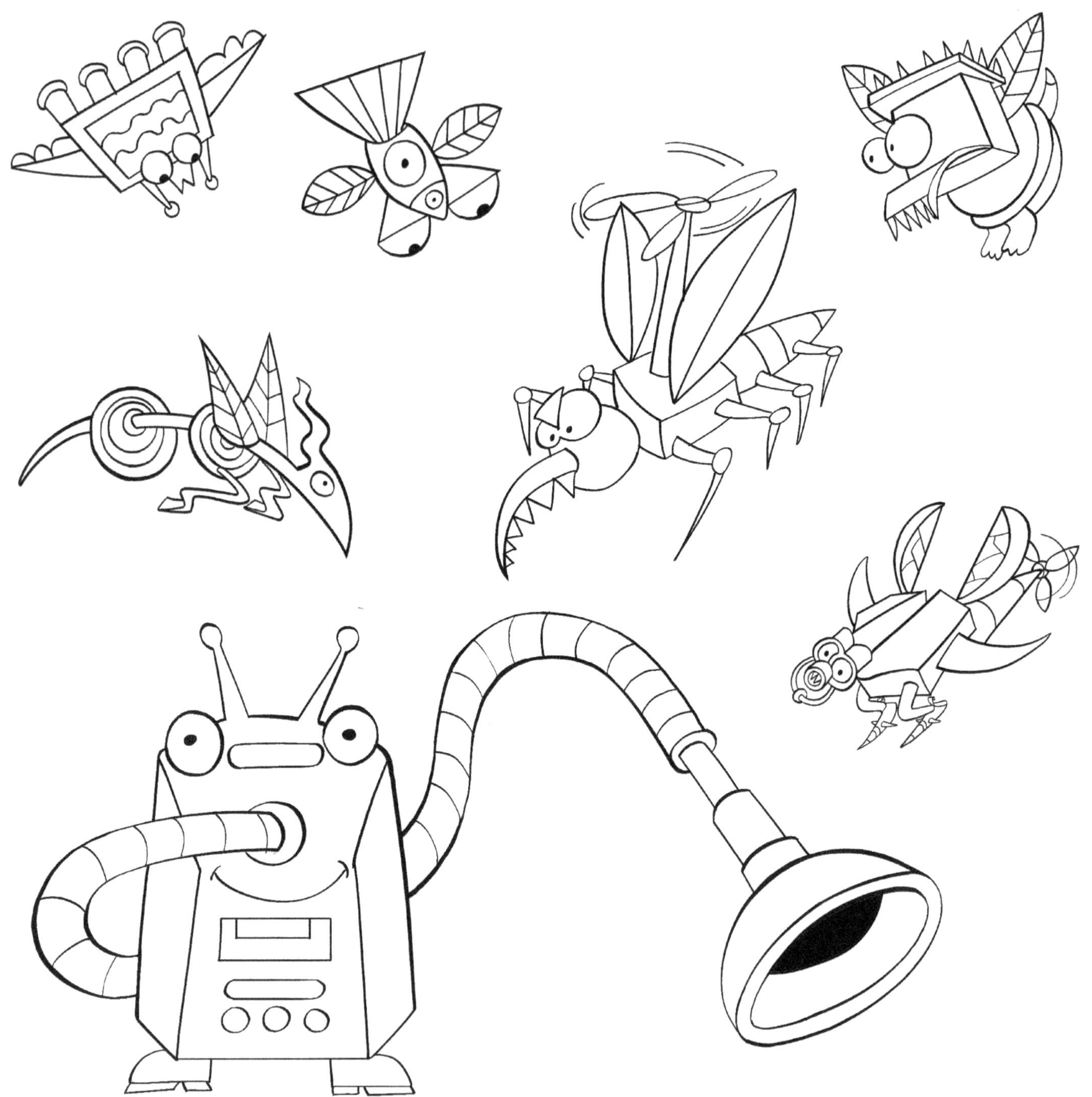

الآن انتهت رحلتنا في العالم الرقمي.
يجب علينا عدم الجلوس بكثرة أمام الأجهزة، وإلا فقد تسبب لنا أمراضا
مختلفة. هيا بنا يا صديقي لنذهب إلى النوم. سوف نلتقي مجددا يوما ما!

وتذكر أن عائلتك يحبونك وسوف يقومون بمساعدتك دائماً.

لقد أوشكت رحلتنا على النهاية .. تعال لنرى أهم كوكب في العالم.
اسم هذا الكوكب هو العالم الحقيقي، وهو يحتوي على أشخاص من جميع الكواكب، لذلك يجب عليك الحذر دائما من الأشرار.

هذا هو كوكب الألعاب، يالسعادتي!
هنالك ألعاب كثيرة، ولكن لا تلعب أي لعبة إلا إذا سألت عائلتك.

هذا هو كوكب المفاتيح، المفتاح هو كلمة السر. لا تعطي مفتاحك لأي شخص.
302887
252587
457211
11111
123456
Km13m1
2743030
202049

هذا كوكب الأسرار، لا تخبر الأشخاص عن أسرارك في المنزل أسرارك لعائلتك فقط.

هذا كوكب الاتصال، تستطيع التواصل مع اصدقائك في المدرسة،
ولكن لا تتواصل مع أي شخص الا باذن عائلتك.

هذا كوكب منتحلي الشخصية، لا تصدقهم كذلك.
أنا صديق والدك.
حسنا، سوف أتصل بأبي وأسأله.
!

هذا كوكب المخادعين، لا تصدقهم أبدا.
أرسل لي صورة لك وسوف أعطيك حلوى.

هذا كوكب الصور السيئة احذر لا تنظر إليهم فسوف
تؤذي عينيك.

كوكب الأشرار به أشخاص سيئون جدا، لا تقترب منهم ابدا وان تحدث اليك احدهم اخبر عائلتك فورا.

كوكب النمور لا أحبه أبدا، هؤلاء الأشخاص يتنمرون علي.

لكن بمجرد أن يكون معي شخص راشد فإنهم يهربون.

كوكب المعرفة هو كوكبي المفضل، إنه الكوكب الذي تستطيع أن تغذي فيه عقلك.

هيا بنا لنكتشف العالم الرقمي الذي يحتوي على كواكب كثيرة، سوف نكتشفها معا.

يا إلهي أنظر إلى هذه الجراثيم إنها الفيروسات. هذه المكنسة تسمى مكافح الفيروسات وهي تقوم بتنظيف منزلي منها.

عنوان منزلي هذا اسمه IP address الجميع يستطيع معرفة مكاني من خلاله. انظر إلى خطوات أقدامي، إنها لا تمحى أبدا، الجميع يستطيع أن يعرف أين ذهبت.
127.0.0.1
10:00
2-11-2022

هذه النافذة تسمى منفذ وهي تسمح بدخول البرامج التي احبها
وتمنع الأشياء التي لا أحبها.

هذا الحارس أمام منزلي هو مكافح البرمجيات الخبيثة، وهو يحمي منزلي من البرمجيات الخبيثة وأيضا يمنع المخترقين من تجاوز جدار الحماية.

قبل أن نذهب في رحلة إلى العالم الرقمي تعال لنرى منزلي. هذا جدار الحماية، وهو يمنع دخول الأشياء والأشخاص غير المسموح لهم بالدخول كالمخترقين.

شعاع النور مميز، إنه يضيء ويتغير بحسب الخطر حولنا

الأخضر يعني أننا في أمان

الأصفر يعني أنه هنالك خطر ما

الأحمر يعني أن الأمر خطير جدا ويجب أن نستعين بعائلتنا أو معلمينا.

أهلا بك يا بطل أنا حارس العالم الرقمي وسوف آخذك في جولة إلى العالم الافتراضي

رحلة الأبطال في الفضاء السيبراني

مراجعة: د. فاطمة السلمي / أ. د . محمد مفضال

ترجمة: العنود الحربي

شكر خاص

لمى العمار ـ لين الحربي ـ ندى الحربي ـ ريم الحربي

الرقم الدولي ٩٧٨-٩٩٤٨-١٩-٢٦٨-٨

مصنف رقم : ٨٤٥-٢٠٢٠

جميع الحقوق محفوظة - عبدالنور سامي

www.cybearena.com

www.ingramcontent.com/pod-product-compliance
Lightning Source LLC
Chambersburg PA
CBHW041605110726

48005CB00002B/289